शब-बख़ैर

शब-ब़ख़ैर

ममता तिवारी

Sarvatra
An imprint of Manjul Publishing House

Sarvatra
An imprint of Manjul Publishing House

◆ द्वितीय तल, उषा प्रीत कॉम्प्लेक्स,
42 मालवीय नगर, भोपाल-462 003
◆ सी-16, सेक्टर 3, नोएडा, उत्तर प्रदेश, 201301
वेबसाइट : www.manjulindia.com

यह संस्करण 2024 में पहली बार प्रकाशित

शब-बख़ैर

ISBN 978-93-5543-828-7

ममता तिवारी इस पुस्तक की
लेखिका होने की नैतिक ज़िम्मेदारी वहन करती हैं

मुद्रण व जिल्दसाज़ी : सौरभ प्रिंटर्स प्राइवेट लिमिटेड

बात जो कहनी होती है...

''सुबह सलामत'' से सुबह क्या होने लगी कि रात ने बुरा मान लिया उसका कहना था हम भी चाहते हैं कि सबकी शब-बख़ैर गुज़रे। बात वाजिब है भई। फिर कुछ मुहब्बत में गिरफ़्त लोगों की गुज़ारिश आई कि रात हमें नींद नहीं आती चाँद, सितारे, मुहब्बत पे कुछ शायरी करो। हम रात भर करवट बदलते हैं उन्हें सूरज का इंतज़ार भी नहीं रहता। कब रात हो वो ख़्वाब में आयें, मेरी नींद चुरायें या अंधेरे का फ़ायदा उठा रूबरू हो जायें। या छत पर अंधेरे में मिल सकें। मुझे याद आती है छोटे चाचा की मुहब्बत। उनकी और महबूबा के घर के बीच दीवार थी, मुझे दीवार पर चढ़ा कर, ख़त, कुल्फ़ी, चाट पहुँचाई जाती। हाय! क्या चमक आती थी उस अंधेरी रात में उनके चेहरों पे। बस, तभी से (बहुत छोटी उम्र में) रात में तड़पने वालों की इश्क़ की भाषा समझने लगी। ''शुभ रात्रि'' उन्हीं रातों पे छिटके कुछ अफ़्शाँ है आप भी थोड़ी चाँदनी लूट लें, सितारें चुन लें, चाँद तो आपके पास होगा ही सारा जहाँ आपका है।

–ममता तिवारी

रात गुज़र सकती थी हमारी भी बग़ैर
ये तो हम ही हैं बदमाश
जो नींद को लिहाफ़ में आने नहीं देते।

उसने कहा था जाओ, सो जाओ
रात ख़्वाब में आऊँगा
घर वाले हैरां हैं बगैर नींद की गोली के कैसे सो गई मैं?

सोना चाहते हो तो,
चाँद तारों को दोस्त मत बनाना
उनको नींद का ठेका नहीं दिया ऊपर वाले ने

कहकशाँ आज फिर चमचमा रही है
अभी से क्यों कहूँ शब-बख़ैर
कि अभी उनकी याद जो आ रही है

आज अफ्शाँ बिखेरे हैं जादूगर ने आसमाँ पे
एक सफ़ेद चमकती बड़ी सी गेंद भी धर दी
और मुझसे उम्मीद कर रहे हैं कहूँ शब-बख़ैर।

लो आज फिर अमावस्या आ गई
अंधेरा फुसफुसा के बोला कान में
सुबह तक हम यहीं हैं, तुम उनसे मुलाक़ात कर लो

गुलज़ार साहब बुरा मत मानना
थोड़े दिन अपने चाँद तारे किताबों में छुपा लो
रौशनी में उनसे मुलाक़ात नहीं हो पाती

बादल धुन कर रजाई बना ली
सोचा आज सुबह आने नहीं दूँगी
रात बड़ी डरपोक निकली
सूरज को देख झट रजाई में छुप गई

कौन नहीं चाहता, फूल, रंग ख़ुशबू हो हयात में
मुहब्बत से उनका गहरा नाता जो है
मेरी रात बड़ी सस्ती, है एक शमा से काम चल जाता है

शाम का डूबता सूरज अच्छा लगता है
तू आये ना आये तेरा वादा अच्छा लगता है
कि अब रात का इंतज़ार अच्छा लगता है

दोपहर पसोपेश में है, कहती है
कोई ''सुबह सलामत'' कह रहा, कोई शब बख़ैर
मुझे कोई नाम नहीं देते

सो दे दिया मैंने इसको भी इक नाम
जाने क्यों बिफ़र गई सुन के
अच्छा बताइये ''चुभती दोपहर'' नाम में क्या बुराई है?

तेरे जाने के बाद
रातें कटती नहीं
चाकू तू अपने साथ ले गया

नज़्म अधसोई सी पड़ी थी बिस्तर पे
ज़्यों डूबा सूरज, आँखे खोल ली उसने
बोली, लो हो गई रात, अब मुझे लिखो

मेरी सुबह, मेरी दोपहर में
शाम मेरी मदहोशी में, रात ख़्वाब और नींद में तुम
अब बत्ती बुझा दो, जो इंतज़ार ख़त्म हुआ

इन बेशऊर ख़्वाबों से कहो
शब-बख़ैर
अब उनसे रूबरू होने का वक़्त जो आ गया

ख़ामोश कर दो भीतर की आवाज़
जंगल भी बोलते है रातों में
इक बार उन्हें भी तो कहने दो शब-बख़ैर

धूप नाराज़ हो गई मुझसे
चाँदनी जो मेरी सहेली हो गई
अब कैसे कहोगी उनसे शुभरात्रि

हम नहीं बिछड़ते
बिछड़ती है हमारे बीच रात
वो रात जिसमें हम शब-बख़ैर कहते हैं

जंगल में रात ढेर सारे जुगनू देखे
मुझे लगा, ये तुम्हारी नज़्में हैं
जो जमीं, आसमाँ पे झालर की तरह बिखरी हैं

रात वस्ल की हो या फुरकत की
हर वक़्त वजह बन के तू ही रहता है
फुरकत में कम-अज़-कम मिलन की उम्मीद तो होती है

अब आदत सी हो गई है, जागने की रातों में
ना जाने किस वक़्त
तेरा आना हो...

दिन में काजल लगाये, जुल्फ़ें फैलाये घूमती रहती हूँ
शायद हमारा सियाह
अंधेरा देख तू आ जाये

मुझे मालूम है तू अब नहीं आयेगा
तेरी, शायरी, तस्वीरों के बीच सो जाती हूँ
सुकून यूँ भी हासिल होता है...

मैं चाँद तारों से दोस्ती नहीं कर पाती
अंधियारे में वो रास्ता तो खोज़ लेता है
पर दुनिया को नज़र आता नहीं

सूरज से कहो जल्दी डूबे
चाँद से कहो जल्दी जागे
रात मुझे उनके ख़्वाब देखने हैं

दिन भर मुंतज़िर रहती हूँ
रात कोई आने वाला है ख़्वाबों में
लोग हैरां हैं ये रात में इतना शृंगार क्यों करती है?

मैं चाँद को अपना मेहमां, बनाना चाहती हूँ
सूरज को अलविदा कहना चाहती हूँ
सितारों के बीच मदहोशी की चादर बिखेरे
उस पे लेट कुछ नज़्में कहना चाहती हूँ

झुंझला के पूछ ही बैठा सूरज
आख़िर वो है कौन
जिसके लिये तुम चाँद को तवज्जोह देती हो
हँस के कहा, तुम्हें मिले तो मुझे भी बताना।

अब उसका रात में आने का इंतज़ार करती हूँ...
कमबख़्त दिन उतना ही लंबा होता जाता है
बेचैनी कम करने के लिये काला चश्मा लगा लेती हूँ
सोचती हूँ लो रात हो गई

अब तो शमा के बुझने का वक़्त आ गया
यूँ ज़ाया न कीजिये मेरी उम्मीद
चले भी आओ यार परवाने
यूँ ही चलते फिरते

क्या दीवानगी है उफ़
क्या कैफ़ियत है तौबा
कहीं खो मत जाना
यूँ ही जागते सोते

सारी रात लिखती रही तुझे
सारी रात पढ़ता रहा तू मुझे
ज़िंदगी फ़ना हो जाये
यूँ ही लिखते पढ़ते

ख़्वाबों को ये हक़ मैंने नहीं दिया
कि जब वो आयें
तो मुझे सुला दें

उसके ख़्वाब मुझे इतने प्यारे लगते हैं
कई बार लगता है, ऐसा ना हो, वो आये
मैं कह दूँ, अभी चले जाओ
मैं तुम्हारे ख़्वाबों में डूबी हूँ

रात भी है, शमा भी जला ली
तन्हाई का सरंजाम भी है?
अब और क्या चाहिये तुम्हें बुलाने के लिये
(वैसे मुहब्बत का ठेका भी है हमारे पास)

तेरे आमद की इतनी बेक़रारी रहती है
कि दिन में भी कमरे को रात का इफ़ेक्ट देती हूँ
पर, नींद, ख़्वाब और तुम सच्चाई जानते हो

अच्छा चलो दिन और रात की अदला बदली कर लें
तुम दिन को रात समझ के आओ, पर
चाँद सूरज को कैसे समझायेंगे?

चलो धोखे का खेल खेलें
तुम मांगो रात, मैं दिन
हाय! तुम्हीं जीत जाओ

तुझसे मिलन की हर शब को मैंने
एक ग़ज़ल ईनाम की
ऐसी भी क्या बेरूखी तुम चार पन्ने ना भर पाये

मैं इस उम्मीद में जागती रही, कि
तू आयेगा अंधेरी रात में
सूरज को दस्तक देने से रोकना मेरे बस में नहीं था

नींद भरी है मेरी आँखों में
किसी दिन तुम भी आ जाओ सियाह रात में
सुरमें की तरह रख लेगें अपनी आँखों में

मुझसे उसका इंतज़ार सहा नहीं जाता
ठोकरें खाने की इतनी आदत हो गई कि
कोई मुझे यूँ टूट के करे प्यार सहा नहीं जाता।

मुद्दत से कोई ख़्वाब नहीं देखा मैंने
डर है, तेरे आने के वक़्त
कहीं आँख ना लग जाये

तमाम रात उसके इंतज़ार में नॉवेल पढ़ते गुज़री
हक़ीक़त समझ, सबको बताती फिरी
कि रात उनसे मुलाक़ात हुई

रात दिल में इंतज़ार की शमा जलाये बैठे थे
बे मुरव्वत, दिल पिघल गया
तुम ना आये

जुगनुओं का बहुत सहारा था अमावस्या में
जाने किस देश चले गये आजकल
तुम्हारी तरह मुझे तन्हा छोड़ के

वादा था तुमसे रात रौशन नहीं करूँगी
अब तुम मुझे दिखाई नहीं देते उजाले में
अंधेरे में रहने की आदत हो गई

रात के साथ तुम्हारे आने का वादा था
हमने पूरी वफ़ा से निभाया
तुमने चुपके से तन्हाई को भेज दिया

तू नहीं आ रहा तो,
थोड़ी नींद भिजवा दे
रात बहुत है मेरे पास

ज़िंदगी मुझसे मेरी नींदों का हिसाब न माँग
पूछ मेरी पलकों से जो
झपकना भूल गई तेरे इंतज़ार में

सिरहाने में सारे ख़्वाब छुपा दिये
ऐसा न हो तू आये
और हम सिरहाने पे सर रख सोते मिलें

ख़्वाब की उँगली पकड़ कर चले आना
फिर भले ही सो जाना
तुम्हें सोते देख भी भला लगेगा, कि
कम-अज़-कम क़रीब तो हो

इंतज़ार का सबर मुझमें है
जागने का हुनर मुझमें है
बशर्ते तू रात आने का वादा निभाये

चलो रात दिन का झगड़ा छोड़ो
जब निकलो सफ़र में, सीने में बसा लेना
रात-दिन साँसों में तेरी बसर कर लूँगी

तू आये ना आये
चाँद तारे साक्षी रहेंगे, कि
मेरी रातें तेरे इंतज़ार में गुज़री थीं कभी

रात हो तू आये
मेरी नींद तू लाये
अरसा हुआ आँख लगे
मैं सोऊँ जब तू जाये

अब किसके लिये जागूँ
कि अब तू नहीं आयेगा
अब किसके लिये भरूँ जाम
संभालने तू नहीं आयेगा

शबगाह (रात का समय) थक गई इंतज़ार करते करते
तेरे रास्ते पर खड़ा
शबगर्द (चौकीदार) ना हो जाऊँ

शबिस्ताँ (शयनगार) ख़ुशबू से भर दिया
फूलों का तो गुलिस्ताँ बना दिया
तू आ जाता तो शरमाती सी नींद भी आ जाती

शब रंग (कृष्ण रंग) हो जाते जो "दिन" भी
तो क्या बात होती कि दिन में
इस भ्रम में फँसा लेते अरे अभी तो रात है

मेरी रातों को इंतज़ार बना दिया
हर आहट पर चौंक उठती हूँ
यार ये तुमने मुझे क्या से क्या बना दिया

"रात" पर इख़्तियार समझती रही ख़ुद का
क्या था पता?
तूने उसे पहले ही ख़रीद लिया

मुझ पर ना सही
कुछ तो रात पर इनायत कर
जो सूरज से रूठी बैठी है

ऐ सख़्तजान, अब चला भी आ
ये इश्क़े हक़ीक़ी है (आध्यात्मिक प्रेम)
तुझे पल में पिघला देगा शमा की तरह

उज़्र है (आपत्ति) अगर आने में आपको
हम को ही बुला लो
रात ख़ुद ब ख़ुद चली आयेगी

हर गली कूचे में अंधेरा है
तेरा देखा हुआ घर मेरा है
बोलो तो रौशन कर दें ख़ुद को जला के

अब मेरी आँखें, नींद का इंतज़ार करने लगीं
क्या मेरे इंतज़ार का सब्र छूट रहा है
या तू किसी और गली से गुज़र रहा है आजकल

कई बार यूँ लगा, तुम अंधेरे में बैठे मुस्कुरा रहे हो, भूल गई
अब तुम चाँद तारों के बीच छुपे बैठे हो
कैसे करूँ बात दुनिया को नज़र आ रहे हो

जिस रात तू अंतिम साँस ले रहा था
तू रहेगा मेरे साथ अंधेरे में हमेशा, समझ गई
बस तब से शमा जलाई नहीं...

तू गुम होकर चाँद तारों में खो गया
यूँ सबकी नज़र में फ़रिश्ता हो गया
मैंने इंसां को प्यार किया था, फ़रिश्ते मेरी पहुँच में नहीं...

तेरी बेख़बरी भी अच्छी लगती है
तू ख़ुश तो रहता है
हर अंधेरे के लिये ख़ुद का बाख़बर
होना बड़ा नाशाद करता है

ये मेरा इश्क़ है
जो आवारा, सड़कों पे रात को टहलने निकलता है
लोग समझते हैं हम आवारा हो गये

दिखावा करती हूँ
रात हम गहरी नींद सोये तेरे बग़ैर
चादर की सिलवटें सच बयान कर देती हैं

कई बार दिन में शम्में जलाये रखती हूँ
उसे रात का भ्रम हो
छुपता छुपाता वो आ जाये शायद

अक्सर ख़्वाबों के जंगलों में
तेरे साथ घूमती हूँ, रोज़ सोचती हूँ
काश! रास्ता भूल जायें हम

तेरे ख़्वाब के बग़ैर
रात बिताना ख़ुदकुशी सी है
ऐसे तो हम जाने कितनी बार मर चुके

अब मेरी तरफ से रात बातें करने लगी
इंतज़ार में तेरे अब मैं ऊँघने लगी
मेरे हिस्से की नींद लौटा दो
या ख़ुदा आ जाओ

मेरी हालत पर लोग मुस्कुराते हैं
वो जानते हैं अब मैं ख़ुद को बहला रही हूँ
कि तेरे ख़्वाब ही आते हैं तुम नहीं आते हो।

शब-ए-विसाल का दिन आ गया आख़िर
पसोपेश में हूँ चिराग़ रौशन करूँ या नहीं
तुझे अंधेरे में आने की आदत है।

तू चाँद था, तारे तेरे साथी थे
मैं सियाह आसमाँ पे भरोसा कर बैठी
पता चला तू वहीं टंगा है।

ज़रा उनके देर से आने का तबसिरा
क्या किया हमने
वो रात जेब में रख निकल गये

मेरी जान
मेरी रात में जान डाल दो
हम भी सुकून से झपक लें

इत्र जैसी ख़ुश्बू
बर्फ़ जैसी ठंडक
गीत गाती हवा
तेरे आमद की ख़बर देती है
अब तुझे रातों में चिराग़ों की ज़रूरत कहाँ?

एक चाँद मेरी गली में निकलता है
लोग कहते है मैं टोना जानती हूँ
दूसरा चाँद मेरे आँगन कैसे उतरता है।

तुम जिन्हें सितारे समझ रहे हो
तुम्हारे इंतज़ार में, कैलेंडर पर
चिन्हित तारीख़ें है।

वो अचानक आके रात कहने लगे
तुम भूल गई हमें, सो जाती हो
हमने चादर हटाया, गद्दे की जगह उन्हें लिखे
ख़तों का ढेर था

क्या रात काला जादू जानती है या तू
तुझे नज़रा ना दे
सो मैंने सारे तावीज़ उतार दिये
सारी बलायें मेरे सिर

मैं चाहती थी, तू मुझे किताब की तरह पढ़े
पर तुझे रात पसंद है
तो अनपढ़ी किताब ही रह गई मैं

तेरे इश्क़ से मेरी रातें क्या रौशन हुईं
मोहल्ले में
मेरी ख़ूबसूरती के चर्चे होने लगे

शुक्राना तेरा, जो तूने तन्हाई से
निकाल लिया
भर दिया मेरा जीवन रात, चाँद, सितारों
और तेरे इंतज़ार से

चले जाना, अभी आख़िरी पहर बाकी है रात का
मेरी ज़िंदगी की सहर तो देखते जाओ।

मैं यहाँ रहती हूँ बेक़रार
चलो क्षितिज पर मिलें
सुना है वहाँ ज़मीं आसमाँ/मिलते किसी ने ना देखा

ऐसा नहीं कि सुबह सुहानी नहीं लगती
पर रात से इश्क़ का रिश्ता है हमारा
और सुबह तुझसे जुदाई का

सौंधी सी ख़ुशबू
उस पर धुँआ लोबान का
रात ने सूफ़ियाना रूप धर लिया

मेरी अँगूठी का ''पन्ना'' जाने कहाँ खो गया
लोगों ने कहा कोई बला थी जो टल गई
अब मुझे पता चला ''हीरा, पन्ना (बला) के जेवर
औरतों को क्यों पहनाये जाते हैं

गुज़रती जाती है रात उम्र की तरह
ज़ुल्फ़ें भी सियाही खाने लगी
तुम क्या मेरी क़ब्र पर सज्दा करने आओगे

दरवाज़े खुले रख छोड़े थे रात में
नींद ने खुला दरवाज़ा देखा
और मुझे आगोश में ले लिया

रात भीग रही थी
मैं सिगड़ी जलाये बैठी थी इंतज़ार में
तू छतरी लगाये सूखा आया

चाँदनी में रात रानी महक रही थी
मोहब्बत मेरी आँखों में चहक रही थी
सितारे पगडंडी पर सज गये
अब भी नहीं आओगे क्या बे मुरव्वत

तेरी राह में बिखरें रहें सितारे
चाँद तेरा माथा चूमे
चाँदनी रास्ता रौशन करे
बाकी हम तो हैं ही रास्ता बुहारने को

आज फिर चाँद आया हाथों में
सितारे आँखों में, भूखा सो गया बच्चा
किसी ने उसके पेट के लिये चाँद न दिया

यूँ तो आसमाँ पे बिखरे हैं हज़ारों सितारे
ज़मी पे बिखरे तारों को कोई नहीं पूछता
पहुँच से बाहर की चीज़ की क़द्र होती है जनाब।

ख़ैरात बँट रही थी आसमाँ में
सबने चाँद तारे लूट लिये
मैं काली रात की सौगात लिये चली आई

ढेरों सितारें टँके थे उसके दुपट्टे में
जाने क्यों मुझे उसका दामन खाली लगा
ओह! मुहब्बत का एक भी सितारा नहीं था

मुन्ने की जेब में भरे रहते हैं चमकीले तारे
दिन भर चमकते रहते हैं आँखों में सारे
एक लड़का फुटपाथ पर लेटा सोचता
दिखते तो हमें भी हैं, हाथ क्यों नहीं आते हमारे

सब को सूरज, चाँद मिलें ज़रूरी तो नहीं
दिन की रौशनी रात की चाँदनी मिले ज़रूरी तो नहीं
तेरे चेहरे पर इतनी आब है इश्क़ की
मुझे मिले ज़रूरी तो नहीं

ढूँढते फिर रहे थे अंधेरों में जिसे
वो मेरे घर में चिराग़ बन के बैठा था
अब समझ आया चाँद रात में क्यों निकलता है
क्या उसे मेरे चिराग़ से डर लगता है

बारिश में छतरी लगा के छुप गया चाँद
मैं भी कम ना थी, बरसाती ओढ़
ढूँढने निकली अपना चाँद

कंबल ओढ़ के आया मेरा चाँद
कि सबने कहा था आज अमावस्या है
चाँद नहीं निकलता आज

पूर्णमासी पर फँस जाती हूँ
किस को छुपाऊँ, किस को दिखाऊँ
लोग कहेंगे इसके पास दो चाँद कैसे आये

आज रात बड़े सुकून से सोई
मेरा चाँद बगल में था
सूरज बदली के पीछे छुट्टी लेकर चला गया।

उन बच्चों को जुगनू पसंद हैं
जिनके हाथ सितारें नहीं आते
चाँद पर हक़ जमाते वैसे ही डरते हैं वो
जिन्हें चाँद के ख़्वाब तक नहीं आते

काश! कुछ सितारे अक्षर बन बरस जायें
उन बच्चों की कॉपियों में
जिन पर दुनिया अक्षर धरना भूल गई
बैग भर जाये उनका सितारों से
चमचमाती किताबें हो उनके पास भी
आसमाँ में बैठे बैठे क्या गप्पें मारते हो
किसी मासूम की ज़िंदगी बन जायेगी
नीचे तो उतरो भाई सितारों

रात भर कलम बाहर पड़ी रही छत पे
सुबह लिखने बैठी तो सियाही की
जगह चाँदनी बह निकली
यूँ मेरे हिस्से में, इश्क़ की उम्मीद जागी।

चाँदनी थी कि मदहोश हो बिख़र रही थी
मैंने हाथ बढ़ा के चाँद को पकड़ना चाहा
वो फ़ासले बना रेल के साथ चलता रहा
ख़िरामा ख़िरामा
यूँ सफ़र में भी तुम साथ चलते रहे।
रेल की खिड़की से
रात ख़ूबसूरत दिख रही थी

सियाह रात सी ये ज़िंदगी मेरी
जब बच्चे घर आते हैं तो
दो-चार सितारे टँग जाते हैं मेरे भी आसमाँ पे

आजकल रात के अंधेरे में
ख़बरें बनती हैं
सुबह मासूम बच्चों की तस्वीरें ''ब्लर'' मिलती हैं
अख़बारों में

''अमृता'' से पूछना था एक सवाल
इतने गहरे अंधेरे में रहकर भी
उसकी ज़िंदगी इतनी रौशन कैसे रही
शायद उसके पास इश्क़ की मशाल थी

काश मेरे पास भी कोई इमरोज़ होता
सियाह रातों में आकर
मेरी ज़िंदगी रौशन करता

उसने कहा तू अमृता नहीं
जिसे अनकंडीशनल प्यार मिला
पहले अमृता की तरह सौ बार मरना होगा
तब कहीं तुझे इमरोज़ मिलेगा

मैं ख़ामोश थी
तू भी
रात थी बिना रूके बोल रही थी

अंधेरी रात में
बादलों की सीवन खुल गई
चाँदनी मुस्कुरा के बाली ''आऊँ क्या''
तब तक मैं शमा जला चुकी थी

आज शरद पूर्णिमा है
माँ ने कहा अमृत बरसेगा खीर में
सारी रात ताकती रही, चाँद को
सुबह तूने उँगली से चखा
पूरी खीर ही अमृत हो गई

दीवाली से पहले हम बच्चे छेद वाली हंडिया में दिया
लेकर रात गली गली घूमते थे गाते
"मेरा टेसू यहीं अड़ा, खाने को माँगे दहीबड़ा
वो छनती रौशनी घड़े में लिये
मैं खड़ी हूँ बदस्तूर वहीं तू आये मेरा शगुन पूरा कर दे

कितनी निडर हो गई अब ज़िंदगी
बचपन में "रात" में निकलने से डरती थी
कुछ यूँ रूसवा किया तेरे इश्क़ ने
मैं अब रौशनी से मुँह छुपाने लगी

मैं सच्ची हूँ, मुझे झूठ पसंद नहीं
पर जब वो दिन को "रात" कहता है
तो जाने क्यों मान जाती हूँ

दुनिया ने पूछा
सुबह, दोपहर, रात गिनने के सिवाय
तुम्हारे पास कोई काम नहीं,
है न मैंने कहा
तेरी याद, तेरा इंतज़ार, तेरी बेक़रारी

वो रात
कल रात बहुत ठंड थी
कहीं जगह न पाकर
वो धीरे से फुटपाथ पर किसी की
रजाई में घुस गया
बेहोश, जिस्म की गर्माई में सोता रहा
पता न था उस जिस्म से रूह जा चुकी थी उस दिन
और नींद मेरी आँखों से

(पीयूष मिश्रा के लिये)

मुझे सुलाने की बड़ी कोशिशें हो रही हैं
कमरा अंधेरा कर दिया, शमा बुझा दी
दिमाग़ की बत्ती भी गुल कर दी (नींद की गोली से)
मूर्ख हैं सब, पलकों को क्या पता
क्या रात क्या दिन?

दुःख होता है कई लोगों के
नसीब में एक चाँद नहीं
मेरी छत पर आइये जनाब
दो-दो चाँद दिखाती हूँ

चाँद की निगहबानी मुझे मिल जाये
फिर तेरा आना-जाना आसां होगा
पर इश्क़ में सब मुश्किल ही अच्छा लगता है

सुरमई रात का सहारा था
आज का वक़्त हमारा था
जाने किसका बुलावा आया
तुम पहलू से उठ कर चले गये हमेशा के लिये

क्या बात थी जब तेरे साथ थी
क्या बात है जब तेरे साथ नहीं
आज कल हम हर हाल में ख़ुश हैं
हम दोनों, अलग-अलग
एक ही चाँद देख रहे हैं

इख़्तियार नहीं मेरा
रात, चाँद, तारों और तुझ पे
तुमने वहाँ पहुँच कर
आसमां पे भी आवारगी का अड्डा बना लिया

बर्फ़ीली रात, घना अंधेरा, चुभती हवा
''रात'' बहुत ख़ामोश रही...
लाशें आवाज़ें जो नहीं करती।
(कारगिल बॉर्डर से)

गहरी ''रात'' में, रक्त रंजित कपड़ों में
मासूम मदद माँगती रही इंसानों से
कि भगवान के सोने का वक़्त जो था।
(उज्जैन से)

''रात'' आने के डर में जीती हूँ
तू आयेगा या नहीं?
फ्रिज़ खोलकर, दिल को तसल्ली हुई
भरी बोतल बेख़ौफ़ मुस्कुरा रही थी

“रात” में चमकती थी उसकी आँखें
जुगनुओं की तरह...
अब ये हाल है दरख़्त पे भी नहीं दिखते कमबख़्त

तेरी मौत पे यकीं नहीं आता
वो सितारा अभी भी वहीं है
जो तेरे आने की ख़बर देता था

हाथ में रात लिये घूमती हूँ
क्या पता तुझसे मुलाक़ात हो जाये
और मेरी शब-बख़ैर गुज़र जाये

चाँद ने आज रात चट्टान पे बसेरा किया
मैं बोलती रही तेरे पहलू में लेटी
ख़ुदा जाने कब सवेरा हुआ

चाँदनी की ये मजाल
झुलसा दिया मेरा बदन
चाँद, सितारों को भी ले भागा
चलो इस बार
तू चाँद की जगह आया ठंडक पड़ी

रातों को ही क्यों बहुत
भूख प्यास लगती है
कि अंधेरों में रोटी चुराना आसान होता है
या कूड़े के डब्बे से खाना बीनना

रात एक चोर एक घर में पकड़ा गया
पुलिस को बहुत क्रेडिट मिला
वैसे अपराध क्या था बेचारे का
कई दिनों का भूखा था, सो खाना चुराया
पेट भरते ही वहीं सो गया
(समाचार पत्र से)

ऐसे चोर भी होते हैं, जिन्हें आप के हीरे
जवाहरात नहीं चाहिये
रात दो रोटी
अख़बार में लपेट के रख दो
सुबह उसी अख़बार में दुआ रखी मिलेगी

दुआ करती हूँ शब-बख़ैर गुज़रे सभी की
वस्ल की रहे शब या फुरक़त की
बस चाँद तारों से आसमाँ भरा रहे।

मुझे अब तक पता ना चला
मुझसे मिलने के लिये उसने रात ही क्यों चुनी
वैसे मेरा सूरज से भी याराना था

चुगली करने कभी कभी चाँद मेरे पास भी आता है
कहता है, कि
तुम्हारा चाँद भला इतना क्यों चमचमाता है

मैंने जवाब दिया
वो मुहब्बत का चाँद है इसलिये
ज़्यादा जगमगाता है
तुम पंद्रह दिन बाद ग़ायब हो जाते हो
इसीलिये वो नूर तुझमें नहीं आता है

कोई जान नहीं सका
वो कब आता, कब जाता
इश्क़ का चाँद है जनाब
सबको नज़र नहीं आता

अब मैं अपने चाँद को भी
गले नहीं लगा पाती
आसमाँ पे रूठ के जो बैठ गया

दूर से ही सही तू दिखता तो है मुझे
लोग तो मर के तारे बन जाते हैं
सितारों की भीड़ में कैसे ढूँढती
अच्छा है तू चाँद बना।

रात के साये बड़े गहरे होते हैं
और लंबे भी
सूरज की रौशनी में ख़ुद का बौना महसूस होता है

रात में कहानियाँ बुनी जाती हैं
दिन की रौशनी में लिखी जाती हैं
तब ही सच्चाई बदल जाती है हर्फ़ों की।

ऐसा नहीं कि मुझे
सुबह का नूर अच्छा नहीं लगता
जिस दिन से वो क्या गया
रात ने मेरे आँगन में डेरा बसा लिया

तुमने कहा था उस आख़िरी रात
तुम अब कभी मत रोना
आँखों के डॉक्टर ने कल ही
पर्चे पर मेरे ''ज़ीरो टीयर्स'' लिख दिया

अब पछता रहे हैं तेरे जाने के बाद
रात से दोस्ती बढ़ा रहे हैं, तेरे जाने के बाद
कहा था तुमने, लड़ाई में वक़्त ज़ाया न करो
कुछ हसीं दिन बिता लो मेरे साथ

''वर्क फ़्रॉम होम'' से फ़ायदा हो गया
अब कोई मेरे रातों को जागने
दिन को सोने का सबब नहीं पूछता

चटख रंगों से कभी वास्ता न था मेरा
तेरे बिछड़ने के बाद (दुनिया जो रंगीन थी)
रंगों के लिये दिल मचलने लगा
पर सियाह रात में सब रंग काले ही लगते हैं।

ज़िंदा रहते बहुत तरसाया हमें
आजकल काली रात में आते हो
ख़्वाब दिखाते हो
सोते ही ग़ायब हो जाते हो
मौत के बाद भी बदमाशी नहीं छोड़ी।

अपने आप को शुतुरमुर्ग ना समझो
जो रेत में मुँह छिपाता है
सोचता है उसे कोई नहीं देख रहा
कल रात महफ़िल में तुम हिजाब से
छुप छुप के देखती रही मुझे
सोचा बज़्म में किसी को ख़बर नहीं होगी।

रात तुम्हारे आने के वक़्त
तमाम पर्दे गिराकर अंधेरा कर लेती हूँ
फिर भी पड़ोसी पूछते हैं
रात बड़ी देर तक आपके कमरे में बत्ती जलती रही

अमावस्या की रात
जुगनुओं को निमंत्रण देती हूँ
तू कहीं मेरा डेरा ना भूल जाये
भूल जाती हूँ तू ख़ुद महताब है

बहुत दूर जा रही हूँ सफ़र में
सोचा अब तुझसे बिछुड़ ही जाऊँगी
बुद्धु, रेल, बस, हवाईजहाज के साथ साथ चलता है चाँद

बंदिशों का आलम, दिन भर झेलती हूँ
शुक्रिया ऐ शब
ज़जीरें खुल जाती हैं
आसमाँ में टहलता चाँद सबका है
मेरी आगोश में दुबका मेरा अपना।

पलकों पे रख ले मुझे, जुगनू की तरह
अंधेरी रातों में रास्ता दिखाऊँगी
सुबह तलक शायद फ़ना हो जाऊँ

आज ब्लैक आउट था,
तुम्हीं ने बस निभाया नियम कि
दो चाँद से लोग मुझ पर तोहमत ना धर दें
सो पूर्णमासी को आये नहीं

मैं जानती हूँ रात ''सबर'' का दूसरा नाम है
''सबर'' मेरे शब्दकोष में नहीं
दिन तुझे बर्दाश्त नहीं।

रात काम पर जा रही है माँ
पहले छोटा बहुत रोता था
अब जानता है सुबह उसका थैला खाने
से भरा हुआ होगा
बड़ी छोटी सी उम्र में ''रोटी की क़ीमत''
जान गया

रात के गुनाह दो गुने कर बताये जाते हैं
होते तो यूँ दिन में भी हैं गुनाह
सफ़ेद पोश उसे समाज सेवा कहते हैं

रात इतने हिस्से में बँट गई
...किस टुकड़े को तवज्जोह दूँ समझ नहीं पाती
सो हर टुकड़े पे तेरा नाम लिख दिया

पलकों पे झिलमिलाती शबनम
तेरे इंतज़ार में रात में चमकती है
और नीर बन बह जाती है
अब तो आ जाओ
सूखे के मौसम में सैलाब न आ जाये

रात भी उसने बनाई
दिन भी उसने बनाया
काश! मुहब्बत भी वो ही बनाता
वरना इस तरह छुपाते नहीं फिरते

जब बँटवारा कर रहा था ऊपर वाला रात दिन का
मैं रौशन रौशन दुपट्टा ओढ़ के गई
उसने सोचा रौशनी बहुत है इसके पास
चलो थोड़ी रात डाल दूँ दामन में
यूँ रात मेरे हिस्से आई

माँ ने लाख समझाया
बिटिया रात अकेले ना घूमा करो, ज़माना अच्छा नहीं
अब वो माँ से क्या कहती
दिन की रौशनी में जो घर में भीड़ रहती है
क्या वो सब लोग अच्छे हैं?

रात में घर से इक लड़की निकल गई
पिता ने कहा रात में मुँह काला कर गई
तो क्या दिन की रौशनी में
तुम उसे जाने देते?

बड़ा सुकून मिलता है जब रात तेरे साथ चैन से गुज़रती है
दिन के उजाले में उसकी इबादत करते हैं
लोग कहते हैं
देखो किस क़दर ऊपर वाले के प्रेम में डूबी है

सुना है चाँद, सूरज की उधारी से रौशन है
आख़िर इश्क़ में किसी का सहारा तो लेना होता है
तो इस ख़ुशफ़हमी में रहूँ कि
मेरा चाँद मेरी मुहब्बत से रौशन है।

तेरे जाने के बाद चैन से जी रहे हैं
ना छुपाने को कुछ रहा
ना बताने को कुछ रहा
ना किसी का ख़ौफ़ रहा
ना खोने का दर्द रहा
बस रातें कमबख़्त लंबी होती जा रही हैं

मुक़द्दर कमबख़्त दिन में क्यों आता है जब मैं सो
जाती हूँ
रात तेरे साथ रतजगा रहता है
सोचती हूँ आज तो किस्मत जागेगी

कहते हैं जब सोते हैं, तब
मुक़द्दर जागता है,
उफ़... तेरा नाम मुक़द्दर तो नहीं

आज रात शहर में कर्फ़्यू है
सड़क के पाइप में रहने वाला बच्चा भूखा होगा
सोच रही हूँ दौड़ के जाऊँ, कुछ खाना दे आऊँ
फिर सोचा ऊपर वाला भी उसके लिये कुछ न कुछ करेगा
मूर्ख... वो तुझे ईश्वर बनने का अवसर दे रहा है
उठ, अन्नदाता बन जा
अपनी नज़र में उठ जा
वो हमारे रूप में ही आता है
वो उस बच्चे के रूप में आता है
तू, जाने क्यों मंदिर, मस्जिद के दर खटखटाता है

रात दिन के बीच ये लक्ष्मण रेखा क्यूँ है
दिन में जो सही लगता है
रात में वो रावण रेखा क्यों है
नज़र नज़र का फ़र्क़ है
दिन में जो सबका है
रात में ही बस वो मेरा क्यूँ है

मैकदे से फुरसत मिले उसे
तब वो यहाँ का रूख़ करेगा
चाँद से कहो पूरे महीने पूर्णमासी रखो
अंधेरे में मेरा चाँद ठोकर खा गिर पड़ेगा

रात बच्चे भूखे सो गये
कुछ खाने को नहीं था घर में
मैडम ख़ुश हैं काम वाली जल्दी आ गई
हेल्पर ख़ुश है थोड़ा खाना ज़्यादा बना लूँ
बचा हुआ मेरे बच्चों के काम आयेगा

जिस अंधेरी रात से तूने बांधा है
चाह कर भी बंधन छुड़ा नहीं पाती
चाँद ख़फ़ा ख़फ़ा सा रहता है मुझसे
कि कभी चाँदनी सी क्यों नहीं बंध जाती

महफ़िल में अपनी रात, अपने चाँद का
ज़िक्र कर रही थी
देखा सब खोये खोये से हैं
मुझे नहीं पता था
उनके पास भी एक रात और उनका चाँद है

हम औरतें मायके से दहेज में
चाँद लाती हैं
कुछ साल ब्याहे चाँद को देख
ख़ुश रहती हैं
फिर धीरे धीरे सूटकेस में से
दहेज का चाँद निकाल लेती हैं
कि ये तो वैसा का वैसा ही है
ब्याहे चाँद की चमक उतर गई

उसकी ज़िंदगी के लिये कुछ हम भी ज़िम्मेदार हैं
वो लैम्पपोस्ट की रौशनी में पढ़ रहा है
मेरा घर झिलमिलाती झालरों से सज रहा है
इसमें हमारा क्या कसूर, सहेली कहती है
उसके अंधेरे के हम ज़िम्मेदार क्यों
ये हमारी मेहनत का फल है
मन ही मन मैंने पूछा
कल काम वाली मददगार नहीं आई तो
तुम ख़ुशी ख़ुशी मेहनत करोगी?

चलो बाँट लें ज़माने से आधा आधा
रौशनी और अंधेरा
साथ तो कुछ भी ना बांध ले जाओगे
किसी के हाथ ना आयेगा पूरा

वो हमारी ज़िंदगी में रौशनी के लिये
अंधेरों में जीने को कटिबद्ध हैं
दुआ का दीपक रोज़ रखो तुलसी पे
बॉर्डर पे रोशनी होने मतलब वहाँ दीवाली नहीं है।

ये कैफ़ियत लेकर कब तक जी पाऊँगी
जागोगे तुम जब, तब ही सो पाऊँगी
कभी तो वक़्त पर सोने का जतन करो
ज़रा अपनी मसरूफ़ियत कम करो

अब मुहब्बत छुपाई भी नहीं जाती
अब मुहब्बत बताई भी नहीं जाती
हम लाख करें कोशिश दूर जाने की
कोई रात उनके इंतज़ार बग़ैर बिताई भी नहीं जाती

कल रात वक़्त की बोतल से
कुछ ख़्वाब गिलास में उड़ेल दिये
होंठो तक आते आते प्याला हाथ से छूट गया
सारे ख़्वाब फ़र्श पर गिर चकनाचूर हो गये
कुछ यूँ हम तुमसे दूर हो गये

अभी तुझे मेरी क़दर नहीं
थक जायेगा कभी तू भी
रातों में जगते जगते
तब मेरा रतजगा तुझे याद आयेगा

कहते हैं आज को आज में जियो
कल का क्या भरोसा
चलो इस रात को आख़िरी समझें
जुदाई का जाम ख़ुश होकर पियें

शरारती सितारे बिखरे हैं आसमाँ में
ज़रा नज़र छुपाकर आना
चाँद भी बदमाशी पे उतारू है
हमने भी शमा भी बुझा दी है

बिखरा हुआ है जादू चारों ओर
मुहब्बत से भरपूर है पोर पोर
ये मदहोशी की रात है
या इश्क़ ने ख़्वाबों की
महफ़िल सजाई है
तोहफ़े में आज रात जाने
कितने सितारे भर लाई है

सारी शब हमने तारों को चुना
सुबह तक उनसे इक सिरहाना बुना
सर रख तारों के सिरहाने पे सो गये
मुहब्बत के वो मुखर पल आहिस्ता आहिस्ता
ख़ामोशी में खो गये

रात दिन की आपाधापी में सही
दो घड़ी तो मेरी आँखों में कर बसर
वरना अब तो ख़्वाबों में भी
नहीं बतियाते तुम

धीमे धीमे सुलगता शरारा हूँ मैं
बेवफ़ाई की हवा ना देना मुझे
आतिश ना हो जाऊँ कहीं

शमा गुल कर दो
दाख़िल होते ही कमरे में
मेरी आँखों ने रौशनी का ज़िम्मा लिया है

काश हमने भी गेसुओं को फैलाया होता
तू रेशमी ज़ुल्फ़ों को अंधेरा समझ
घर जल्दी आता

सारी रात मेरा दिल
तेरे सीने में धड़कता रहा
बेख़बर, तू मदहोश सोता रहा

रात भर चुनती हूँ
ख़्वाब तेरी आँखों से
कम-अज़-कम
तुझे ही नींद आ जाये

ना थी चाँदनी
ना झिलमिल तारे
स्याह काली रात
मैं ढूँढती रही उसे
लगता है
चाँद फिर आवारा हो गया

आज फिर चाँद से मुलाक़ात हुई
चाँदनी को हथेली में ले, जी भर नहाई
बड़ा चौंकाने वाला मंज़र था
देखने सुनने वाला कोई ना था
मन दिन में भी चाँदनी चाँदनी होता रहा
प्यार सचमुच कितना अंधा होता है न
आज अमावस्या की रात थी

नाराज़ हैं, तसव्वुर में भी नहीं आ रहे हैं
सो हम तस्वीर से काम चला रहे हैं

तेरे हर लफ़्ज़ को सलाम किया मैंने
फिर चाहे वो शुभरात्रि क्यों ना हो

नींद आने से पहले आ जाओ
फिर ना कहना हम बेवफ़ा निकले
और इंतज़ार के साथ सो गये

जिस रोज़ उनसे मुलाक़ात नहीं होती
समझो
उस रोज़ मेरी रात नहीं होती

हर वक़्त इंतज़ार से घेरे रखना
ठीक नहीं
कभी तो छोड़ो तन्हा
रात क्या कहेगी
वो आता नहीं ये सोती नहीं

प्यार के लिये वक़्त है कम
इंतज़ार के लिये रात बहुत ज़्यादा
कुछ तो रहम करो
कभी घड़ी देख लिया करो

पोशीदा रहते हो काली रातों में
रौशनी से ऐसी भी क्या नाराज़गी
मैं भी परेशाँ परेशाँ माचिस ढूँढती हूँ
तेरी आँखों के शरारे का इंतज़ार अब नहीं होता?

हादसे मेरी ज़िंदगी में बहुत हुये
पर मक़बूल दो ही थे
एक रात, एक सुबह
एक वस्ल, एक फ़ुरकत
वरना ज़िंदगी में था क्या?

रात माँ के हाथ की उँगलियाँ
जब तक सर पे ना फिरे
नींद मेरे क़रीब नहीं आती
अब सोचूँ, कि उसके जाने के बाद
मुझे रात नींद क्यों नहीं आती?

रात भर उसने सितारे बाँटे ख़्वाब में
अंधेरा होते ही डर के मेरे आगोश
में सो गया
वो नन्हा बच्चा अंधेरे उजाले का
फ़र्क़ क्या समझे
जो माँ के आँचल को आसमाँ समझता है

यूँ तो आज जश्न-ए-बहारॉ है
पर तूने अंधेरी रात की ऐसी लत डाल दी
उजाले से शर्मसार हो जाती हूँ
रौशनी में तुझे देख आँखें चौंधियाती हैं

लोग आजकल मेरे घर
को मयखाना समझ मंडराते हैं
कि तेरे इंतज़ार में रात भर
दरवाज़े खुले रहते हैं

चलो कुछ उल्टा पुल्टा करें
रात को दिन, दिन को रात करें
मैं गिनूँ किरनें सूरज की
तुम मुठ्ठी में सितारे भरो
अब हम भला दुनिया से क्यों डरें

तू चंद रातों के इंतज़ार का
उलाहना देती है
उस औरत की सोच जिसने कितनी
रातें लोरी गाते गुज़ारी
फिर भी शिकवा न किया

कुछ लोग रात होते ही ख़ुश हो जाते हैं
चलो जाम भरा जाये
उन औरतों की सोचा जो बोझिल
आँखें लिये, थाली लगाये तेरे
जाम ख़त्म होने का इंतज़ार कर रही हैं।

जाने क्यूँ माँ, आज रात
तू बहुत याद आ रही है
और लोग कहते हैं मेरी
याददाश्त जा रही है

आज रात चाँद डूबने वाला नहीं
देखा है कई बार सूरज चाँद को साथ साथ
हाथ मिलाते
फिर हम क्यों साथ नहीं रह सकते?

माना चाँद की रोशनी उधार की है
मुझे उधार लेने से कोई गुरेज़ नहीं

ये कैसी जुस्तजू है तुझे लेकर
आता नहीं तो चैन नहीं
आ भी जाये तो सबर नहीं
मेरी रातें तूफ़ानी करने में
बड़ा मज़ा आता है तुम्हें

वो ना आया
जिसके लिये तवा गरम था
बेकार ही जली लकड़ी, रात भर
मेरा तो ये रोज़ का भरम था

वो कहते हैं सब भूल जाओ
वो अब नहीं आयेगा
ऐसा क्यों कहते हो भई
रात बदस्तूर आ रही है
अमावस्या को तो आयेगा ही

कभी किसी दूसरे की रात भी रौशन कर
ये क्या
हर बार ख़ुद के ही घर की शम्में जलाता है
दूसरे को रौशन करने में ज़रा देख
कितना मज़ा आता है।

हर रात से चाँद की
उम्मीद ना करो
थोड़ी अमावस्या की भी आदत डालो
(उन्हें जिन्हें हमेशा रौशनी की आदत हो गई है)

तू इतना बड़ा कैसे हो गया
मेरी हाथों की लकीरें मिटाने चला
अभी भी ऊपर वाला मेरे साथ है
और मुहब्बत की कोई लकीर नहीं होती

सुना है वहाँ भी ऐसे ही रात होती है
तारे टिमटिमाते हैं
करवा चौथ, ईद पर तरसते हैं चाँद को
फिर क्यों कहते हैं, वहाँ मेरा रक़ीब रहता है

आज चाँद की पूजा का त्यौहार है
अमीरों के इलाक़े में बला की रौशनी है
पर चाँद तो ग़रीबों की बस्ती में भी निकला है

तुम्हें क्या लगता है
शराब में ही नशा होता है
ज़रा मुहब्बत के अश्क पी कर देखो

हर शख़्स रात में झूमता
नज़र आता है बिन पिये
कि जाम रात का होता है
सोडा इश्क़ का

रात के अंधेरे में कश्ती
चलाने की ऐसी आदत पड़ गई
सुबह होते ही नाव पानी में
डूब जाती है

अभी अलविदा मत कहना
रात सोच के
मेरी मुहब्बत की सुबह तो अभी शुरू हुई है

सारे दर्द रात में ही क्यों जाग जाते हैं?
क्या दर्द को रात में ही हमदर्द मिलता है?
दिन में किसी को फ़ुरसत नहीं

आपकी सुबह सलामत रहे
रात बख़ैर गुज़रे

शब-बख़ैर

शुभरात्रि
(शब-बख़ैर)